Besser zuhören – besser lernen

Stolz Verlag, Düren

LENDERSDORFER TRAUMFABRIK

Inhalt

Nicht sehen
trennt den Menschen von den Dingen.
Nicht hören
trennt den Menschen vom Menschen

Immanuel Kant

Eine Lehrerin hatte jahrelang im Norden Kanadas gelebt und dort Inuit (Eskimos) unterrichtet. Sie erzählt:
Die Kinder können noch zuhören. Sie haben kein Fernsehen zu Hause. Ich konnte sofort den Unterschied merken, wenn ihre Eltern sich einen Fernsehapparat angeschafft hatten. Mit einem Mal verhielten sich die Kinder so ähnlich wie weiße Kinder: nervöser, unruhiger, aggressiver, unkonzentrierter.
Dort oben im Norden lernst du hören. Es ist so still, dass du unbedingt etwas Hörbares entdecken willst. Dadurch hörst du immer tiefer in die Stille hinein. Alle machen das, die da oben leben. Deshalb sind sie so anders. Die Kinder lernen doppelt so schnell wie Stadtkinder. Sie hören einfach zu. Sie machen das, als ob sie spielten. Ich glaube, es hängt auch mit dem Zuhören-Können zusammen, dass die Menschen dort oben ein so gutes Gedächtnis haben. Sie speichern nicht bloß, was sie hören. Das Gehörte lebt in ihnen.
Es lebt immer weiter. *

Bekannt ist die verblüffende Lernfähigkeit von Tieren, die die Welt vorrangig durch die Ohren wahrnehmen: Wale, Delfine, Papageien, Hunde, Pferde. Walforscher staunen immer wieder über das gesellschaftliche Verhalten von Walen und Delfinen, das sie als rücksichtsvoll, ausgeglichen, behutsam, harmonisch bezeichnen. Fast nie werden Probleme der Gemeinschaft durch Aggressivität gelöst. Die Forscher sagen, das hänge damit zusammen, dass den Tieren ihre akustische Wahrnehmung wichtiger sei als das Visuelle.

Es gibt Psychologen, die sich sicher sind, dass das Fernsehen aggressiv macht, selbst wenn auf dem Bildschirm von morgens bis abends nur friedliche Landschaften zu sehen wären – durch die ständige visuelle Überreizung.
Wer häufig Kinder beobachtet, die viel fernsehen, kennt ihr Abwesendsein, den glasigen Blick, ihre Fahrigkeit und Vergesslichkeit. Sie können nicht zuhören. Alles wollen sie mit den Augen erfassen. Töne und Wörter bilden für sie lediglich eine Geräuschkulisse zur Untermalung des Gesehenen.

Wirkliche Kommunikation wird möglich, wenn wir einander zuhören.
Das Lernen in der Schule fußt zum Großteil auf Kommunikation.
Ein überwiegender Teil der Lernprobleme entsteht dadurch, dass Kinder – und nicht nur sie – das aktive Zuhören nie gelernt haben.
Wir vermögen nicht das Umfeld der Kinder und Heranwachsenden in der Gesellschaft zu ändern. Doch wir können es in der Schule positiv beeinflussen, indem wir mit regelmäßigen Stille- und Hör-Übungen ein Problembewusstsein schaffen und damit den ersten Schritt für das Bemühen tun, sich selbst positiv zu verändern.

* Joachim-Ernst Berendt, Hör mal! in: Psychologie heute, Dezember 1993

Die Reise des Silberklangs

Meditatives Lauschen

Vorübung

Eine große Uhr mit Sekundenanzeige wird gut sichtbar auf das Pult gestellt. Alternativ benutzen die Schüler ihre Armbanduhren, und zwar solche mit Sekundenzeiger bzw. Stoppfunktion.

Besteht keine Möglichkeit zum Einsatz der Uhren, misst jedes Kind die Zeit nach dem subjektiven Empfinden. Das Sekundenzählen kann vorher geübt werden: einundzwanzig, zweiundzwanzig, dreiundzwanzig ...

Der Klangstab wird gefühlvoll angeschlagen. Der erzeugte Ton füllt den Raum aus. Alle lauschen aufmerksam. Wir wiederholen den Anschlag und lauschen diesmal mit geschlossenen Augen. Etwa drei bis vier Wiederholungen erfolgen ohne weitere Anweisungen.

Zum nächsten Anschlag wird die Stoppuhr gestellt. Mit geschlossenen Augen lauscht jedes Gruppenmitglied. Niemand spricht oder bewegt sich. Wie lange können wir die akustischen Schwingungen vernehmen? Jeder behält das Ergebnis zunächst für sich. Ein Gespräch zu diesem Zeitpunkt brächte unerwünschte Unruhe in den Raum.

Der Ton geht auf die Reise

„Stellt euch vor, die Töne sind lebendige Wesen. Jedes Mal, wenn ich den Stab zum Klingen bringe, schwebt ein Ton fort, füllt das Klassenzimmer, schwebt über das Pult, zur Lampe hinauf, an die Fenster, er breitet sich aus, ist überall. Dann will er hinaus, durchdringt die Mauern, die Türen, die Fenster. Der Ton kennt keine Hindernisse. Jetzt schwebt er davon, immer weiter und weiter weg, über den Schulhof, die Stadt, die Wiesen.

Hört ihr es? Seht ihr die Menschen und Tiere, die den Ton hören? Was machen sie? ..."

Die Kinder sitzen entspannt mit geschlossenen Augen. Sie konzentrieren sich ganz auf den Ton, der fortschwebt und leiser wird, bis er verklungen ist. Sie stellen sich dabei vor, wie der Silberton hinausschwebt in die Stadt, oder auf das Land. Sie lassen ihre Fantasie mitreisen.

Und wenn der Zauber des Klanges endgültig entschwunden ist, lassen wir berichten, was die Kinder auf ihrer Reise erlebt haben. (Impulse für den Kunstunterricht!)

Lassen Sie das Musikinstrument am Pult stehen und gehen Sie jeden Tag einmal mit dem Silberton auf die Reise. Nach wenigen „Sitzungen" benötigen Sie für eine solche Hör-Übung nur noch einige Minuten, die sich langfristig auszahlen.

Thema:

Ein lange schwingender und nur allmählich verklingender Ton wird erzeugt.

Die Kinder lauschen mit geschlossenen Augen, wie der Ton leiser wird und schließlich verstummt.

Ziel:

Innere Ruhe und äußerste Konzentration erzeugen. Fantasie anregen.

Material:

Wahlweise Klangstab, Klangschüssel, Triangel, Xylophon, Glockenspiel, Metallophon, Becken.

Nützlich: eine große Uhr mit einem Sekundenanzeiger oder einer Stoppfunktion.

Durchführbar mit einzelnen Kindern, in Klein- und Großgruppen

Sitzkreis

Stolz Verlag, Düren   Besser zuhören, besser lernen   Best.-Nr. 010

Hören mit dem „rechten“ Ohr

Das bevorzugte Ohr

„Wissenschaftler haben herausgefunden, dass unaufmerksame und unkonzentrierte Kinder, Kinder mit Lese- und Rechtschreibschwäche, stotternde und polternde Kinder oftmals Schwierigkeiten mit dem Hören haben. Die Kinder hören nicht ‘schlecht’ im Sinne einer Schwerhörigkeit, sie hören nur weniger differenziert.

Hinzu kommt oft ein anderes Problem: Wir haben nicht nur in bezug auf unsere Hände eine bevorzugte Seite, sind also Rechts- oder Linkshänder, sondern auch in bezug auf die Füße und alle anderen Organe, die paarweise angelegt sind, auch die Ohren korrespondieren mit den jeweils ‘gegenüberliegenden’ Hirnhemisphären.

Wenn ein Mensch kein bevorzugtes Ohr hat, also beidohrig gleich gut hört, ist das nicht günstig für die Entwicklung und Ausformung seiner sprachlichen Fähigkeiten.

Es scheint so, als sei das rechtsohrige Hören effektiver und sinnvoller für die Sprachentwicklung, insbesondere für exaktes, zergliederndes (analytisches) Hören und Verstehen.

Rechtsohriges Hören ist auch physiologisch gesehen sinnvoller. Wenn wir linksohrig hören, dauert der Weg bis zur bewussten Wahrnehmung ungefähr so lange, als wären wir 100 m weit von der Schallquelle entfernt.“ [1]

Sprechen heißt, zuerst auf den anderen hören

Alfred Tomatis [2] geht sogar soweit, zu behaupten, dass am Beginn von Schulschwierigkeiten immer ein Kommunikationsproblem steht. Er konnte feststellen, dass mehr als 80% der von ihm untersuchten Fälle Hörblockaden aufzeigten. Hören, Horchen, Lernen und Sich-Entwickeln gehören untrennbar zusammen.

„Ein Kind, das sich nicht konzentrieren kann, das Sprachschwierigkeiten oder Verhaltensstörungen hat, hat sein ‘Hörverlangen’ mehr oder weniger abgestellt. Es kann auch seine Gedanken nicht klar ausdrücken, richtig wiederholen und seine Sprache kontrollieren. Dieses Handikap ist die Ursache von allen Lernschwierigkeiten. Die Folgen sind verhängnisvoll und unausweichlich. Ein Kind, das die Laute nicht genau analysieren kann, wird sie auch schriftlich nicht wiedergeben können. Rechtschreibfehler häufen sich dann. ...“ [3]

Um besser ‘hören’ zu lernen, empfiehlt sich das Trainieren des ‘rechten’ Hörens. Es muss, um mit Tomatis zu sprechen, eine „Lateralität“ ausgebildet werden. Um unser eigenes Sprechen besser hören zu können, halten wir das rechte Ohr zu. Das rechte? Ja, das rechte! Denn dann hören wir das eigene Sprechen vornehmlich über das rechte Ohr! Probieren Sie es aus!

Genau anders herum ist es, wenn das Horchen auf Töne aus der Umwelt geübt werden soll: dann wird das linke Ohr zugehalten. So nehmen wir die Sprache der anderen, Geräusche, Musik etc. ebenfalls über das rechte Ohr auf.

Thema:
Wir üben das Hören mit dem rechten Ohr

Ziel:
Verbesserung der Lernfähigkeit, des Sprechens und Schreibens

Durchführung:
Übungen des „rechten“ Hörens können überall und jederzeit eingeflochten werden. Zwischendurch im Unterricht hält jeder Schüler die Hand auf sein linkes Ohr. Ein Schüler liest laut. Dieser Schüler hält seine Hand auf das rechte Ohr. Man muss den Kindern keine „wissenschaftlichen“ Erklärungen dafür geben, sie werden zufrieden sein, wenn sie erfahren, dass sie dadurch besser hören lernen.
Bitte achten Sie darauf, dass das lesende Kind laut und langsam spricht!

Stolz Verlag, Düren   Besser zuhören, besser lernen   Best.-Nr. 010

Links, rechts oder Mitte?

Eine Übung zum Richtungshören

Vorbereitung

Für die Klangerzeugung benötigt man entweder drei gleiche Orff-Instrumente oder gleich gestimmte Gläser, die mit einem Löffel o.ä. angeschlagen werden. Auch jeweils zwei Lineale eignen sich zum Anschlagen. Wichtig ist allerdings, dass die drei Tonquellen möglichst identisch klingen. Die Kinder benötigen ein Blatt Papier und einen Stift. Das Blatt wird in drei senkrechte Abschnitte geteilt, die mit Bleistiftlinien markiert werden. Über die Abschnitte schreiben wir: LINKS, MITTE, RECHTS. Von oben nach unten werden 10 bis 20 fortlaufende Nummern senkrecht notiert.

Drei Mitschüler begeben sich in den hinteren Teil des Klassenraums. Falls Gruppentischordnung besteht, müsste dafür gesorgt werden, dass alle Schüler in eine Blickrichtung schauen können und mit dem Rücken zu den drei Schülern sitzen.

Diese nehmen mindestens drei Schritte voneinander entfernt Aufstellung. Der Lehrer bezieht zwischen den drei stehenden und den übrigen sitzenden Schülern Stellung. Die Hör-Übung wird erklärt und zur Probe einmal durchgeführt. Keiner der zuhörenden Schüler darf sich umschauen. Alle konzentrieren sich auf die Geräusche hinter ihrem Rücken.

Die drei Schüler haben jeweils ein gleiches Klanginstrument, das sie nun ertönen lassen, einer nach dem anderen. Die sitzenden Schüler hören genau hin, aus welcher Ecke die Töne kommen.

Woher?

Jetzt wird es ernst. Nummer eins auf dem Arbeitsblatt wird angekündigt. Der Lehrer deutet lautlos auf einen der drei Schüler, und dieser erzeugt einen Ton. Es muss ganz still sein. Die Zuhörenden markieren in Reihe eins die entsprechende Spalte.

Während der ganzen Übung wird nicht gesprochen. Im Verlauf sollten die Töne immer leiser werden.

Variationen

1. Die Klangquellen können näher aneinander gerückt werden. Die Feststellung der Richtung ist dann schwieriger.

2. Statt der Klanginstrumente können auch Wörter geflüstert werden – zum Beispiel geografische Namen. Dabei sollten die flüsternden Schüler evtl. mehrmals ihre Positionen tauschen, damit der Standort von den Mitschülern nicht aufgrund der individuellen Sprechweise identifiziert werden kann. Die Wörter werden in die richtige Spalte geschrieben. Die Wörter werden notiert.

Helgoland
Zugspitze
Kürbiskern

Thema:
Identifizieren der Klangrichtung in einem Raum ohne visuelle Hilfe.

Ziel:
Aufmerksamkeitsschulung

Material:
Jeweils drei gleiche Klangkörper, z.B. Orff-Instrumente oder Flöten, wassergefüllte Gläser o.ä. Für jeden Schüler ein Arbeitsblatt und einen Stift.

Durchführbar mit einzelnen Kindern, in Klein- und Großgruppen

Sitzordnung: alle nach einer Richtung

Stolz Verlag, Düren   Besser zuhören, besser lernen   Best.-Nr. 010

Hören und Körpergefühl

Körper und Bewegung
Hören und Gleichgewichtssinn sind sehr nah miteinander verwandt. „Zunächst ist Hören nichts anderes als eine Wahrnehmung von Änderungen des Gleichgewichts-Fühlens. Daraus hat sich das Hören quasi als eine Art Ausdifferenzierung entwickelt. Hören ist die Basis für viele andere mentale Fähigkeiten. Sprechen lernen wir durch Hören, also zunächst mit den Ohren. Sich sprachlich ausdrücken und Sprache verstehen können, ist in unserer Kultur Voraussetzung für das Erlernen der sogenannten Kulturtechniken: Lesen, Schreiben und Rechnen, einschließlich Mathematik. Das Ohr ist also ein wichtiges Denkorgan.“ [4]
Dass Hören und Sich bewegen zusammengehören, fühlen wir, wenn wir Musik hören. Tanzen ist eine Ausdrucksform des gehörten und gefühlten Rhythmus. Wir können beobachten, wie Kinder hüpfend zählen oder zur Bewegung Reime aufsagen. Dies ist nicht nur ein Spiel! Es ist gleichzeitig ein intensives ‘Lerntraining’. Nutzen wir doch diese Lust am bewegten Hören! Lassen Sie Rechenaufgaben mit dazugehörigen Springbewegungen durchführen! Am besten, die Kinder erfinden diese selbst! Auch Silbentrennen können wir kombiniert mit Körperbewegungen durchführen. Wichtig ist: Es wird laut gesprochen. Singen darf man auch dabei! Der Klang begnügt sich nämlich nicht damit, „am Trommelfell abzuprallen oder am Ohr hängen zu bleiben. Wenn es so wäre, wie erklärt es sich dann, dass einige so weit in unser Inneres dringen? Wenn wir bewegende Musik hören, ‘sträuben sich die Haare’, wir bekommen ‘Gänsehaut’. Ein Gesprächspartner, der durch seine Rede überrascht, wühlt das Innere auf. Seine Worte, wenn sie richtig klingen, ‘berühren’. ... Gewisse Schreie machen ‘erstarren’, andere ‘töten’ oder ‘lähmen’ ...“ [5]

Mit den Händen reden
Wenn wir sprechen, bewegen wir in der Regel auch die Hände dazu. Das nennen wir Gestik. Beobachten wir uns einmal selbst: Welche Hand ist die bewegtere, die ausdrucksvollere? Alfred Tomatis sagt, dass alle Berufsredner, wie zum Beispiel Politiker, stets mit dem rechten Arm abgebildet werden, was kein Zufall sei. Stotterern werde geholfen, wenn diese die rechte, leicht geschlossene Hand wie ein Mikrophon etwa 15 bis 20 Zentimeter vor den Mund hielten. „Jede Art zu reden ist verbunden mit einer körperlichen Entsprechung. Wenn man mit der Hand wütend auf den Tisch haut, folgt die Rede und wird aggressiv. Wenn, während die Stimme die Heftigkeit beibehält, die rechte Hand sich in harmonischer wellenförmiger Bewegung vorstreckt, wird der Ton gedämpft und sinkt und findet wieder Ruhe. Eine Rede auf allen Vieren zu halten, ist lächerlich, aber in erster Linie unmöglich, denn in dieser Lage findet die Sprache nicht zu einer Haltung, die zu den Worten passt.“ [6]

Thema:
Sprechen und Bewegen gehören zusammen.

Ziel:
Während des Sprechens bewusste Körperbewegungen wahrnehmen und dadurch ‘gute Bewegungen’ verstärken.

Durchführung:
Wir sprechen einfache Texte und bewegen dabei bewusst die rechte Hand. Wir halten die leicht geschlossene rechte Hand wie ein Mikrophon vor den Mund und erzählen dazu etwas.
Umgekehrt: der rechte Arm wird hinter den Rücken gesteckt und darf während des Sprechens nicht bewegt werden. Was passiert? Wie fühlen wir uns?

Lernen mit rhythmischen Aufgaben verbinden: Silbenklatschen, Zahlensingen, gleichzeitig Gehen und Sprechen usw.

Stolz Verlag, Düren Besser zuhören, besser lernen Best.-Nr. 010

Den Ton im Körper fühlen

Singen kann jeder
Singen macht nicht nur froh, es bildet auch. Heute wird leider an den Schulen zu wenig gesungen. Das liegt zum Teil auch an den Lehrern, die sich nicht trauen, ihre eigene Stimme erklingen zu lassen. Das meistgehörte Argument gegen das Singen ist „Ich kann nicht singen.“ Schade! Damit geht ein Stück Lebensfreude verloren.
Melodie und Rhythmus können außerdem helfen, sich Lerninhalten zu nähern. Sie müssen ja nicht gleich ganz oben anfangen. Summen, Klatschen, Tanzen – sie erfüllen auch ihren Zweck.

Machen Sie einmal folgende Übung, zuerst für sich selbst, dann in der Schulklasse:
Setzen Sie sich bequem hin, oder besser noch, legen Sie sich flach auf den Boden. Summen sie einen Ton, der ganz tief aus ihrem Körper kommt. Legen Sie dabei die rechte Hand locker auf den Hals. Spüren Sie die Schwingungen? Töne erzeugen Schwingungen in unserer Kehle. Heben Sie nun die Stimme, summen sie immer höher hinauf, bis es in Ihrem Kopf nur noch quietscht. Das Vibrieren ist fast verschwunden. Die Schwingungen sind am größten bei tiefen Tönen. Deshalb kann man von des Nachbars laut aufgedrehter Stereoanlage auch am besten die stampfenden Bässe hören. (Grönemeyer: „Sie mag Musik, auch wenn sie laut ist“) Lassen Sie die Kinder mit ihrer Stimme experimentieren. Man kann eigene Melodien erfinden, Terzen oder Quarten (Feuerwehr) singen lassen, oder ein bekanntes Lied (Alle Vöglein sind schon da) singen. Die Hand bleibt dabei auf der Halsregion oder dem Brustkorb liegen. Laut muss es dabei nicht zugehen, leises Summen genügt!

Mit jüngeren Kindern kann man auch folgende Übung machen:
Die Kinder sitzen im Kreis auf dem Boden, am besten im Fersensitz. Wir sprechen über das Summen von Insekten, das wir auf einer Sommerwiese hören können. Die Kinder stellen sich vor, dass sie ein Insekt sind und summen vor sich hin. Hummeln summen dunkel und bedrohlich, kleine Fliegen summen eher hoch, jedes Tier hat eine andere Stimme. Die Kinder sollen tief einatmen und den Summton so lange aushalten wie möglich. Nach dem Summen fragen wir die Kinder, was ihnen aufgefallen ist, welche Bewegungen sie in ihrem Körper gespürt und wie sie sich dabei gefühlt haben. Zum Abschluss halten sich die Kinder an den Händen und summen sich auf einen gemeinsamen Ton in gleicher Höhe ein.[7]

Glockenläuten
Ein Meditationsspiel[8]

Thema:
Töne im Körper spüren

Ziel:
Innere Ruhe und äußerste Konzentration erzeugen.

Beschreibung:
Mit dieser Übung tönen wir gemeinsam das OM. Das OM ist ein Klang, wie er im Yoga und in der Meditation benutzt wird, um sich innerlich zu beruhigen, um still und klar zu werden.
Nach der indischen Schöpfungsmythologie ist OM der schöpferische Urton. OM wird eher wie „Aum“ gesungen oder gesprochen. Auf dem „M“ liegt eine starke Betonung, die die Lippen und den ganzen Körper angenehm vibrieren und schwingen lässt.

Spielanleitung:
Setzt euch bequem hin. Atmet ruhig und regelmäßig ein und aus und ein und aus. Und nun tönen wir alle im Chor fünfmal das OM, von laut zu leise. Beim letzten und fünften OM-Ton schließen wir die Augen und lauschen anschließend in die Stille hinein.

Durchführbar mit einzelnen Kindern, in Klein- und Großgruppen, alle Altersstufen.

Stolz Verlag, Düren   Besser zuhören, besser lernen   Best.-Nr. 010

Höher, tiefer oder gleich?

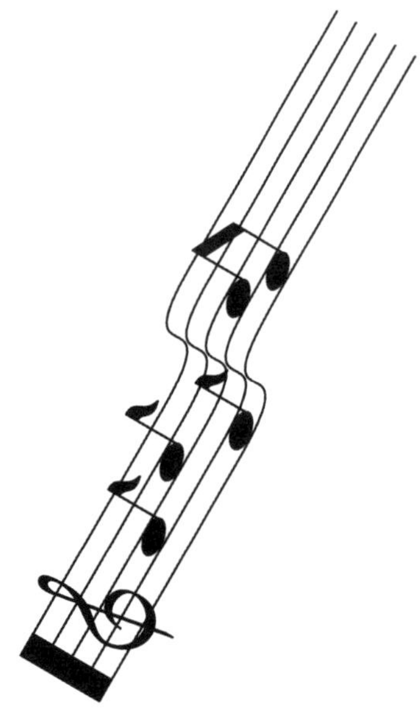

Die Qualität eines Tones hören

Vorübung

Gleich und ungleich hohe Tonpaare werden auf der Flöte vorgespielt. Zwischen den Tönen machen wir kurze Pausen. Wir vereinbaren Handzeichen für
- höher: Hand hochstrecken
- tiefer: Hand gegen den Boden richten
- gleich: Hand waagerecht ausstrecken

Das wird so oft geübt, bis alle in ihren Reaktionen sicher sind.

Gleiche und ungleiche Tonpaare

„Ich spiele euch jetzt jeweils zwei Töne vor. Ihr sollt erkennen, ob der zweite Ton gleich, höher oder tiefer ist. Zwischen den Tönen mache ich lange Pausen / lese ich etwas vor. Wir sprechen während der Übung kein einziges Wort. Die Handzeichen machen wir möglichst geräuschlos. Es kommt nicht auf Schnelligkeit an."

Zwischen den ersten beiden Tönen lassen wir Pausen von etwa einer halben bis ganzen Minute verstreichen – jeweils nach Gruppensituation. Die Tonschritte bei unterschiedlichen Tönen gestalten wir immer kleiner, z.B. nur einen halben Ton Abweichung.
Nach dem dritten oder vierten Tonpaar mit Pausen füllen wir die Zeit zwischen dem ersten und zweiten Ton mit einem kurzen Text, der vorgelesen wird. Die Schüler sollen sich den ersten Ton trotzdem merken. Das ist schwierig.
Wir wählen einen besinnlichen Text, eine Anregung finden Sie auf der nächsten Seite.

Die Hör-Übung wird einige Male wiederholt.
Man kann vereinbaren, dass während der Hör-Übung die Augen geschlossen werden.

Variation

Eine weitere Erschwernis für das Hören und Identifizieren der Tonhöhe ist das Abspielen andersartiger Musik zwischen dem ersten und dem zweiten Ton. Zum Einsatz kommen CD-Player oder Tonbandgerät.

Thema:
Von zwei Tönen, die mit zeitlichem Abstand aus dem gleichen Instrument kommen, soll der zweite identifiziert werden nach seiner Höhe: gleich, höher oder tiefer.

Ziel:
Konzentration auf die Höhe des Tons, Training der Merkfähigkeit

Material:
Wahlweise Flöte, Geige, Keyboard, Xylophon, Klavier, Gitarre oder ein anderes Instrument mit klaren Tönen in verschiedenen Höhenstufen.

Durchführbar mit einzelnen Kindern, in Klein- und Großgruppen

Sitzordnung beliebig

Stolz Verlag, Düren   Besser zuhören, besser lernen   Best.-Nr. 010

Der kleine Prinz

Der Fuchs will gezähmt werden

Der Fuchs verstummte und schaute den kleinen Prinzen lange an.

„Bitte ... zähme mich!“, sagte er.

„Ich möchte wohl“, antwortete der kleine Prinz, „aber ich habe nicht viel Zeit. Ich muss Freunde finden und viele Dinge kennen lernen.“

„Man kennt nur die Dinge, die man zähmt“, sagte der Fuchs. „Die Menschen haben keine Zeit mehr, irgendetwas kennen zu lernen. Sie kaufen sich alles fertig in den Geschäften. Aber da es keine Kaufläden für Freunde gibt, haben die Leute keine Freunde mehr. Wenn du einen Freund willst, so zähme mich!“

„Was muss ich da tun?“, sagte der kleine Prinz.

„Du musst sehr geduldig sein“, antwortete der Fuchs. „Du setzt dich zuerst ein wenig abseits von mir ins Gras. Ich werde dich so verstohlen, so aus dem Augenwinkel anschauen und du wirst nichts sagen. Die Sprache ist die Quelle der Missverständnisse. Aber jeden Tag wirst du dich ein bisschen näher setzen können ...“

aus: Antoine de Saint-Exupéry: „Der kleine Prinz“

Stolz Verlag, Düren   Besser zuhören, besser lernen   Best.-Nr. 010

Wie viele Stimmen?

Flöte
Klopfen
Papierrascheln
Klappern
Klopfen
Knistern

Geräusche analysieren
Vorüberlegungen
Kann aus einem Chor von Stimmen und Geräuschen herausgehört werden, wie viele und welche verschiedene Töne zum Ganzen beitragen? Täglich hören Kinder und Jugendliche Musik aus dem Radio. Geschickte Arrangements von unterschiedlichen Instrumenten werden zu musikalischen Hits, die immer und immer wieder gespielt werden. Würden wir danach gefragt, welche Instrumente und Stimmen herauszuhören sind, müssten wir wohl selber passen. Also üben wir ein bisschen.
Die Schülergruppe wird so platziert, dass sie die Tonquelle nicht sehen, aber gut hören kann. Das erreichen wir entweder durch eine Sitzordnung mit dem Rücken zur Schallquelle oder durch Augenschließen. Die Kinder können auch die Arme verschränken, sie auf das Pult legen und den Kopf darin versenken. Nicht schummeln, sonst kommt der Sinn des Spiels abhanden.
Es sollte zu Beginn darauf geachtet werden, dass keine Überforderung eintritt. Wer raten muss, hört nicht mehr zu und ist frustriert. Erfolgreich ist das Spiel dann, wenn möglichst viele Geräusche gezählt und richtig eingeordnet werden können. Daraus ergibt sich die Motivation, auch im Alltag auf Stimmen zu achten.

Spielvarianten

1. Chorlesen
Mindestens drei bis maximal sieben Kinder lesen synchron einen kurzen Text. Die Zuhörer sollen erkennen, wie viele Leser am Werk sind.

2. Chorsingen
Wie unter Punkt 1 – nur dass von der Gruppe gesungen wird.

3. Geräusche
Verschiedene Geräusche werden gleichzeitig produziert, zum Beispiel: Mit dem Lineal auf die Bank klopfen, zwei Bleistifte aneinander reiben, Papier zerknüllen, mit Kreide an die Tafel schreiben, die Hände reiben, keuchen, husten, ans Fenster klopfen ...
Wie viele verschiedene Geräusche können gehört und identifiziert werden?

4. Orchester
Verschiedene Musikinstrumente (z.B. Orff'sche) werden gleichzeitig betätigt? Wie viele werden herausgehört und können richtig benannt werden?

Thema:
Aus mehreren gleichzeitig produzierten Tönen die Anzahl der Tonquellen heraushören. Die einzelnen Laute und Lautquellen identifizieren.

Ziel:
Aufschlüsseln eines Ganzen in seine akustischen Bestandteile. Genaues Hineinhören in gleichzeitig produzierte Geräusche.

Material:
Gegenstände des täglichen Gebrauchs, Lesetexte, Musikinstrumente.

Durchführbar in Gruppen ab mindestens fünf Schülern

Sitzordnung: von der Geräuschquelle abgewandt

Stolz Verlag, Düren   Besser zuhören, besser lernen   Best.-Nr. 010

hythmus

Thema:
Gemeinsames, an- und abschwellendes Klopfen, das sich synchron einpendeln soll.

Ziel:
Auf die anderen hören und sich dem gemeinsamen Rhythmus unterordnen.

Durchführung:
Die Schüler werden aufgefordert, ganz sacht und fast unhörbar mit den Fingerspitzen einen eigenen Rhythmus auf die Tischplatte zu klopfen.
Die Augen sind dabei geschlossen! Das Klopfen soll allmählich anschwellen, am besten nach gemeinsam vereinbarten Zeichen des Lehrers. Er dreht den „Lautregler“ hoch. Das Klopfdurcheinander schwillt an und erreicht die größtmögliche Lautstärke. Beim Leiserwerden sollen die Schüler einen gemeinsamen Rhythmus finden. Sobald dieser gefunden ist, lässt man das Klopfen wieder leiser werden, bis es fast unhörbar ist.

Durchführbar in Klein- und Großgruppen

Rhythmisches Klatschen
Klatschen und Trommeln sind hervorragende Konzentrationsübungen, die zudem einen Überschuss an Energie oder Aggression binden und in fruchtbare Bahnen lenken können. Geschult werden dabei besonders Gehör und Körpergefühl. Klatschen kann auch zu einem gegliederten Hörverhalten anregen. Dieses wiederum fördert auf indirektem Wege die Rechtschreibung.

Dauer des Tones / Schlages:

2 Schläge

1 Schlag

1/2 Schlag (also 2 auf 1 Taktschlag)

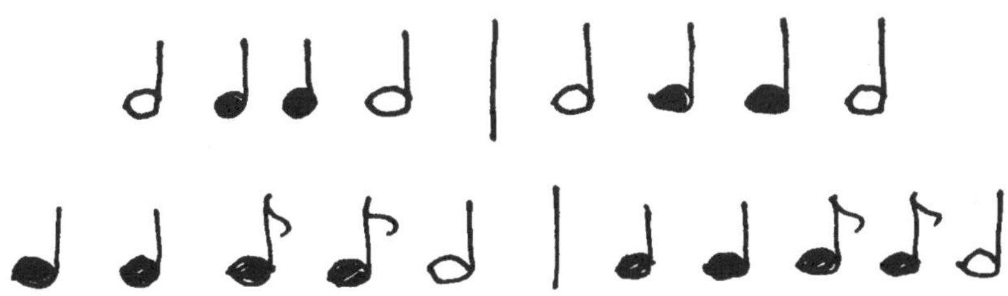

Man kann beim Klatschen auch die Augen zumachen, das erhöht die Sensibilität. Wichtig bei allen Übungen ist äußerste Disziplin und ‘Ruhe’. Ein Klatschspektakel hat keinen positiven Lerneffekt. Schüler, die sich durch diese Übungen herausgefordert fühlen, den Kasper zu machen, sollten freundlich aber bestimmt von den Übungen ausgeschlossen werden. Die Begeisterung der übrigen wird dazu führen, dass schlussendlich auch diese Kinder wieder den Wunsch spüren, mitzumachen.
Im Anschluss an Rhythmusübungen sollte immer eine Ruheminute eingeplant werden. Wir sitzen dann ganz still, atmen tief ein und aus und horchen in uns hinein, spüren der Bewegung nach.

Stolz Verlag, Düren   Besser zuhören, besser lernen   Best.-Nr. 010

Klatsch- und Klopfspiele

Wer klopft denn da?
Man braucht so viele Lose mit fortlaufenden Nummern wie Kinder vorhanden sind. Jedes Kind zieht eine Zahl, hält sie jedoch geheim. (Lose wieder zurücklegen)
Nun setzen sich alle an ihre Plätze. Die Augen werden geschlossen. Der Lehrer nennt eine Nummer. Das Kind mit der betreffenden Zahl beginnt leise, ganz leise mit den Fingerspitzen auf die Bank zu klopfen. Die anderen müssen herausfinden, wer klopft. Dies herauszuhören, ist für die Sitznachbarn leichter als für entfernter Sitzende. Auf ein Zeichen machen alle die Augen auf. Es sagt niemand etwas. Jeder denkt sich nur, wer es war. Nach einigen Sekunden steht das Kind auf, das geklopft hat. Niemand spricht.
Wir wiederholen das, bis alle einmal geklopft haben.

Einen Rhythmus von Berlin nach Rom bringen
Die Kinder stellen sich verteilt im Klassenzimmer auf. Ein Kind ist in Berlin, eines in Rom. Das Kind in Berlin denkt sich einen Rhythmus aus, den es klatschen kann. Es geht zu einem Kind der Gruppe und klatscht diesem seine Komposition vor. Dann begibt es sich auf seinen Platz und setzt sich. Das nächste Kind übergibt den Rhythmus wieder an ein anderes und setzt sich. Dieses trägt es weiter. Am Ende ist der Rhythmus in Rom angekommen. Alle Kinder stehen auf und klatschen nun gemeinsam. Das kann man auch mit einer einfachen Melodie machen, die man singt oder auf einem Instrument (Xylophon) spielen lässt.

Klatschen, schnippen, stampfen
Der Lehrer (oder ein Kind) steht hinter den Schülern, die sich nicht umdrehen dürfen. Er gibt Geräusche mit Händen und Füßen vor, die von der Klasse nachgeahmt werden müssen. Er variiert Tempo, Lautstärke, kombiniert Klatschen, mit Fingern schnipsen oder mit Füßen stampfen.
Ein Lehrer berichtete, er ließe vor Beginn des Unterrichts seine Schüler rhythmisch klatschen und stampfen. Dies würde einerseits Spannungen abbauen, andererseits Müdigkeit verscheuchen. Wichtig ist trotz aller Lautstärke, dass gewisse Regeln eingehalten werden, die höchst individuell sein können. Nach dem Klatschen und Stampfen wird eine Minute völliger Stille angeschlossen, in welcher die Schüler tief atmen und zu sich kommen sollen.
Probieren Sie es aus! Nicht jedes Spiel ist für jede Klasse geeignet, doch wird sicher auch für Ihre Gruppe etwas Passendes dabei sein.

„Klatschende Post"
Spiel im Sitzkreis

Thema:
Einen Klatschrhythmus richtig weitergeben können.

Ziel:
Auf einen Rhythmus horchen und ihn nachahmen.

Material:
Kann ohne Material gespielt werden oder mit Klangholz, Fingerzimbel, kleinem Xylophon.

Durchführung:
Der Erste im Kreis klatscht oder spielt einen Rhythmus oder eine Melodie. Der Rhythmus oder die Melodie werden im Kreis herumgereicht, bis sie wieder beim Ersten angekommen sind. Ein Kind, das den Rhythmus nicht richtig wiedergibt, wird aufgefordert, noch einmal genau zuzuhören und seinen Versuch zu korrigieren.

Durchführbar mit einzelnen Kindern, in Klein- und Großgruppen

Sitzkreis

Singen, Tanzen, Malen

Afrikanischer Regentanz
Zu den Klängen einer Trommel dürfen sich die Kinder frei bewegen. Der Sinn des Tanzes kann variabel sein: Regen erbitten, um eine gute Ernte beten, gute Noten in der Schule erflehen ...
Eine gute Übung für zwischendurch!

Gehen und Sprechen
Beim Gehen zählen wir laut. Wir können auch leichte Rechenübungen beim Gehen machen. Kennen Sie das Spiel: „Ein Hut, ein Stock, ein Regenschirm"? Dabei haken sich die Spieler unter, bilden eine Reihe und schreiten voran, indem sie laut sprechen: „Ein Hut, ein Stock, ein Regenschirm, vorwärts, rückwärts, seitwärts, stopp!" Die Fußbewegungen werden entsprechend vorwärts, rückwärts, seitwärts durchgeführt. Nach „stopp" beginnt wieder alles von vorn. So wird gemeinsam Rhyhtmus eingeübt, aufeinander gehört, ineinander hineingefühlt.

Klänge „malen"
Verschiedene Geräusche werden „aufgezeichnet": Klopfen, Wischen, Klimpern, Husten, Schleifen, Stampfen, Klatschen, verschiedene Instrumententöne, hohe Töne, tiefe Töne, Geräusche aus der Natur (Wasser, Vogelsingen, Sturm, Donner ...) und so weiter.
Wir können auch zu einem Musikstück malen lassen. Das ist eine Aufgabe für eine „Stillestunde" zwischendurch.

Fantasiereise „Hören"
Die Töne werden in der Fantasie hervorgerufen. Der Lehrer sagt: „Wir sitzen an einem Bächlein mitten im Wald. Wie klingt das?"
Die Kinder schließen die Augen und „horchen" in sich hinein.
Wie klingt ...
... ein Wasserfall
... ein Wasserkessel mit kochendem Wasser
... der Sturmwind
... ein Frühlingswald
... eine Trompete
... eine Geige
... die Stimme der Mutter
und so weiter

Thema:
Die Welt ist Klang

Ziel:
Bewusst hören, für die Geräusche der Welt sensibel machen

Durchführung:
Unterrichtsgang in die Natur. Wir horchen auf Wind, Regen, Wasser, Schneeschmelze, Vogelzwitschern. Wir ruhen an einer Stelle und schließen die Augen.
Anschließend sprechen wir über unsere Empfindungen und malen evtl. dazu ein Bild.

Durchführbar mit einzelnen Kindern und in Kleingruppen

Ich wohne am Neumarkt 8

Informationen aktiv aufnehmen
Partnerübungen
Jedes Kind sucht sich einen Partner. Falls die Schülerzahl nicht durch zwei teilbar ist, schieben wir einige Dreiergruppen dazwischen.
Jeder Gruppenpartner erzählt nun dem anderen von sich selbst: Wo er geboren ist und wann. Wie die Eltern heißen, wie viele Geschwister in der Familie leben. Wie alt die Eltern und die Geschwister sind, was sie machen. Wo sie wohnen. Wo man im letzten Sommer Urlaub gemacht hat usw. Zu wenig Informationen dürfen es nicht sein, sonst ist die Anforderung ans Zuhören und Konzentrieren zu klein.
Eine Liste von Gesprächsthemen und möglichen Informationen wird vorab an der Tafel gemeinsam erarbeitet. Das hilft vor allem den Schüchternen beim Gespräch.
Die zuhörenden Partner haben die Aufgabe, ganz genau aufzupassen. Sie schweigen und stellen auch keine Rückfragen. Sie richten ihre ganze Aufmerksamkeit auf den anderen und merken sich das Gesagte. Hat der Sprechende seinen Bericht beendet, so fragt er den anderen aus:
Wo bin ich geboren? Wann?
Wie alt ist meine Schwester Lisa?
Wie viel Stockwerke hat unser Haus?
Wo wohnt meine Oma?
Und so weiter.
Danach Rollentausch.

Anmerkung
Vermeiden sollte man, dass sich als Gesprächspartner die besten Freunde zusammenfinden. Da sie täglich miteinander verkehren, meinen sie, nicht richtig zuhören zu müssen, weil sie schon alles kennen. Heute soll aber gerade geübt werden, weniger bekannte Informationen von Gesprächspartnern aufzunehmen und gedanklich zu verarbeiten.

Hausaufgabe
Nicht nur einmal, sondern regelmäßig, sollten die Schüler als Hausaufgabe folgendes durchführen:
Wenn sie jemandem etwas erzählen oder berichten, sollten sie zuweilen rückfragen: Was habe ich gerade gesagt? Vielleicht werden die Kinder die Entdeckung machen, wie wenig heute noch zugehört wird. Das wirkt sich auf das eigene Zuhör-Verhalten positiv aus, weil es sensibel für die Problematik macht.

Thema:
Einem Gesprächspartner intensiv zuhören, wenn er von sich berichtet.

Ziel:
Sich im Alltag dem Kommunikationspartner intensiv zuwenden, sich öffnen und schweigen, statt nur selbst reden zu wollen. Erkenntnis: Wenn niemand zuhört, ist alles Reden sinnlos.

Durchführbar überall dort, wo mindestens zwei Personen beisammen sind.

Es wird Platz benötigt für die Gesprächspaare.

Stolz Verlag, Düren Besser zuhören, besser lernen Best.-Nr. 010

Klänge und Geräusche

Lockruf
Das Partnerspiel zur Förderung des Differenzierungsvermögens von Klängen und Geräuschen ist für Kinder ab 8 geeignet.
Wir spielen in einem leeren, größeren Raum. Die Gruppe bildet Paare. Jedes Paar vereinbart für sich einen „Lockruf": bestimmte Geräusche, ein Wort, einen Pfiff oder etwas anderes Hörbares. Die Paare müssen bei der Festlegung des Lockrufes berücksichtigen, dass es recht laut sein wird und dass ihr Lockruf sich von anderen deutlich unterscheiden muss. Nun wird der Raum verdunkelt, falls möglich, oder die Augen werden geschlossen. Blind tasten sich alle durch den Raum. Auf ein Zeichen des Spielleiters lassen alle ihren Lockruf erschallen und versuchen, ihren Partner zu finden. Haben sich zwei gefunden, gehen sie in eine der Ecken des Raumes und genießen still ihr Glück, sich wiedergefunden zu haben.
Das Spiel fördert neben Zusammenarbeit und Einfallsreichtum auch eine differenzierte Hörwahrnehmung und die räumliche Orientierung nach dem Gehör.[9]

Sprechorchester
Wir denken uns einen komischen Satz aus, etwa so:
DIE KELLNERIN SERVIERT DEN KUCHEN UND KICHERT DABEI.
Alle sprechen diesen Satz nun so oft, so laut, so leise, so eigenartig wie möglich. Alle sprechen durcheinander, dann gibt es keine Hemmungen beim Ausprobieren.
Nach dieser Aufwärm-Sprechübung sprechen wir jetzt im Chor:
– ganz, ganz leise (flüstern)
– sehr, sehr deutlich, nach Silben getrennt
– rhythmisch
– im Singsang
– ganz, ganz undeutlich (lallen oder stottern)
– sehr laut
– fröhlich, traurig oder wütend
und so weiter.
Die Vorschläge kommen zuerst vom Lehrer, werden danach auch von Schülern eingebracht.

Weiße und schwarze Schafe
Hörspiel zur Differenzierung des Hörvermögens

Das Spiel:
Die Schüler ziehen Lose, die sie zu schwarzen oder weißen Schafen machen, und behalten sie zunächst für sich. Auf Kommando geht es los: Die schwarzen Schafe schreien „BÄH!", die weißen Schafe schreien „MÄH!" Aufgrund der Rufe sollen sich die Herden zusammenfinden. Verboten sind Sprechen oder Gesten. Die Gruppensortierung muss allein aufgrund des „Bäh-Mäh-Geschreis" erfolgen. Kontrolle kann abschließend anhand der Lose erfolgen.

Durchführbar in Gruppen ab 10 Schülern

Eine komische Geschichte

Das Elefon

Manchmal besucht das Monster Mom das Elefon.
Das Elefon hat zwei runde schwarze Ohren, einen ziemlich großen Mund und keine Beine. Es hüpft, um vorwärts zu kommen.
Hallo, sagt Mom.
Das Elefon öffnet den Mund, und ein Blumenstrauß kommt herausgeflogen. Wenn das Elefon aufgeregt ist, verwechselt es manchmal die Wörter und die Sachen.
Wie geht's, was hast du erlebt, fragt das Monster Mom.
Das Elefon prustet, und ein paar Sahnetörtchen fliegen durch die Luft.
Aha, sagt Mom. Und dann?
Och, sagt das Elefon und spuckt eine Fahrradklingel aus. Und dann kommen ein paar Mensch-ärgere-dich-nicht-Figuren, drei Schrauben, ein Gummiband, ein Einkaufszettel, ein Paar aufgeblasene Schwimmflügel und zum Schluss kriecht ein schwarzweißer Vogel zwischen seinen Lippen hervor und hopst aufs Pflaster.
Es ist eine Elster.
Sie guckt sich kurz um.
Dann fliegt sie weg.

Methodische Vorschläge

1. Text einmal laut und mit lebendigem Vortrag lesen.
   Im Anschluss wahlweise
   - frei nacherzählen lassen (mit Rückfragen),
   - schriftlich fixieren lassen,
   - vorformulierte Fragen stellen.
2. Text zwei- oder dreimal vorlesen, wobei jedesmal geringfügige Änderungen eingestreut werden. Zu Hause vorbereiten und Notizen dazu machen!

Ähnliche Übungen lassen sich mit allen möglichen Texten regelmäßig im Jahresplan unterbringen. Wir empfehlen, solche Zuhör-Übungen zum festen Bestandteil des Unterrichts werden zu lassen.

Thema:
Einem vorgelesenen Text aufmerksam folgen und sich Details merken.

Ziel:
Einen Text möglichst komplett wiedergeben können. Fragen zum Inhalt richtig beantworten können. Lesen Sie regelmäßig vor! Das Vorlesen macht nicht nur für Vor- und Grundschulkinder Sinn. Auch Erwachsene lauschen gern einer „Lesung“. Vorlesen schult Konzentration und Hörvermögen, es regt die Fantasie an und macht still. Wie wäre es mit einer Fortsetzungsgeschichte an jedem Unterrichtsmorgen?

Geeignet für Individual- und Gruppenunterricht aller Altersstufen

Stolz Verlag, Düren Besser zuhören, besser lernen Best.-Nr. 010

Der Adler kreist über dem Gipfel

Sätze genau nachsprechen
Vorübung
Die Partner nehmen eine entspannte Sitzhaltung ein, Augen schließen und tief durchatmen. Die Hände werden locker auf die Oberschenkel gelegt.

Was habe ich gesagt?
Je zwei Kinder sitzen einander gegenüber. Eines spricht, während das andere mit geschlossenen Augen lauscht.
Das erste Kind spricht langsam und deutlich einen Satz:

DER ADLER KREIST ÜBER DEM GIPFEL.

Diesem Satz folgt eine Pause, die bis zu 30 Sekunden dauern sollte. (Je nach Alter und Entwicklungsstand der Kinder) Die Pause ist wichtig, um der üblichen Gesprächshektik unserer Zeit entgegenzuwirken.
Während der Schweigepause sitzen die Kinder unbeweglich, das lauschende Kind hat noch immer die Augen zu.
Nach der Pause fragt das erste Kind: „Was habe ich gesagt?"
Das zweite Kind wiederholt den Satz: „Der Adler kreist über dem Gipfel." Es wird deutlich und ohne Eile gesprochen.
Nach fünf Durchgängen erfolgt Rollentausch.
Zum Vorsprechen eignet sich alles, was den Kindern einfällt. Anfangs sollen die Sätze kurz sein.

Vorschläge für Sätze:

Die Maschine klappert.
Bäcker Bommel bäckt braunes Brot.
Donner, Blitz und Bilsenkraut!
Der Frosch heißt Konrad.
Roland Rumpelfuß isst Salat mit Rührei und Schinken.
Die kleine Lokomotive raucht und dampft.
Stefanie kann nicht sprechen und nicht denken,
sie hat Angst.

Knorre zündete eine Kerze an und setzte sich mit einem Buch an den Tisch.

Am Nachmittag hat Maximilian mit seinen Glaskugeln gespielt.

Ein Bauersmann hatte einen Sohn, der war so klein wie ein Finger.

Thema:
Kurze einfache bis längere schwierigere Sätze werden gesprochen und sollen vom Zuhörer nach einer Schweigepause wiederholt werden.

Ziel:
Konzentration auf den Inhalt eines einzigen Satzes.

Material:
Bei jüngeren Kindern sollen die Sätze auf einem Arbeitsblatt vorgegeben werden.

Durchführbar mit einzelnen Kindern, zum Beispiel in der Nachhilfe, in Unterricht und Freiarbeit

Paarbildung

Nur wenn Anna spricht

ANNA

Wer spricht?
Vorübung
Wir entspannen uns in lockerer Sitzhaltung, tief durchatmend, mit geschlossenen Augen.

Wer sagt was?
Wir bilden Dreiergruppen. Kind A, B und C sitzen einander mit zugewandten Gesichtern gegenüber.
Kind C ist das erste, welches zuhören soll. Es lässt die Augen geschlossen. Jüngere Kinder decken die Augen mit den Handflächen ab. Kind A und B sprechen nun im unregelmäßigen Wechsel Wörter, die sie von einem Blatt ablesen. Nach jedem Wort wird eine Pause von etwa fünf Sekunden eingelegt. In dieser Schweigepause entscheidet Kind C, ob es nachsprechen soll oder nicht: Es darf nämlich nur Wörter wiederholen, die Kind A gesagt hat. Wörter, die Kind B spricht, werden von Kind C nicht wiederholt. Es muss also nicht nur hören, *was* gesagt wird, sondern auch, *wer* spricht.
Nach jedem Durchgang erfolgt ein Wechsel, so dass jedes Kind einmal die Rolle des Zuhörenden einnehmen kann.

Auf der folgenden Seite ist ein Arbeitsblatt mit einer Wortliste abgedruckt. Sie dient als Vorschlag. Sie können andere, leichtere oder schwerere Wörter wählen: zum Beispiel Fibelwörter im Unterricht der ersten Schulklasse oder Vokabeln im Fremdsprachenunterricht. Dann bringen die Übungen gleich doppelten Nutzen.

Variation I
In einer Schulklasse oder Gruppe, deren Mitglieder sich gut kennen, kann folgender Versuch durchgeführt werden.
Ein Kind steht mit dem Rücken zur Gruppe. Die Mitglieder der Gruppe sprechen wechselweise Wörter oder kurze Sätze. Das hörende Kind soll den Sprecher identifizieren und beim Namen nennen.

Variation II
Hinter dem Flügel der Wandtafel oder hinter dem Pult versteckt, flüstert ein Kind oder der Lehrer selbst Wörter, die von der Gruppe aufgeschrieben werden. Die Lippenbewegungen können nicht zur Identifizierung der Wörter dienen, man muss sich also ganz auf sein Gehör verlassen.
Diese Übung ist sehr wertvoll für die Schulung des Gehörs. Der Flüsternde kann seine Lautstärke variieren: er fängt am besten laut flüsternd an und wird dann immer leiser.

Thema:
Genau hinhören, was gesagt wird und wer es sagt.

Ziel:
Konzentration auf das Wort, bewusstes Hinhören bei Gesprächen in Menschengruppen.

Material:
Arbeitsblatt mit Wortlisten.

Durchführbar in Klein- und Großgruppen

Dreiergruppen

Stolz Verlag, Düren   Besser zuhören, besser lernen   Best.-Nr. 010

Wortliste für Anna und Christian

	Anna	*Christian*
1	Hände	
2		Käse
3	Socken	
4	Teppich	
5		Apfel
6		Bruder
7	Taschentuch	
8	Sternenhimmel	
9	Lehrerin	
10		Zwiebelkuchen
11		Vogel
12		Sonnenschein
13	Glockenspiel	
14		Fensterbank
15	Fahrradklingel	
16		Haarklammer

Die Wörter werden wechselweise von oben nach unten gesprochen. Ein drittes Kind lauscht „blind“ und spricht nur Annas (oder Christians) Wörter nach. Es muss genau hinhören, *wer* gerade etwas sagt.

Zwei Sitzkreis-Spiele

Laute Post
Alle schließen die Augen. Ein Wort wird herumgereicht:

Riesenglockenblume.

Das Wort wandert von Kind zu Kind im Uhrzeigersinn, bis es wieder am Anfang seiner Reise ankommt. Keiner darf die Augen öffnen! Im Gegensatz zum Spiel „Stille Post“ sprechen wir deutlich und langsam, aber nicht laut. Wer nicht verstanden hat, fragt lieber noch einmal nach. Der Sinn dieses Spiels liegt nicht in der heiteren Verstümmelung von Botschaften, sondern im Gegenteil: der lautgenauen Wiederholung.

Die gute Fee Tamarina
Die Kinder werden zur Stille aufgefordert, so dass sie die Augen ohne Zwinkern geschlossen halten können und dabei innerlich ruhig bleiben. Der Lehrer erzählt:
„Stellt euch vor, die Tür zum Klassenzimmer öffnet sich und herein kommt – nein schwebt – die gute, liebe Fee Tamarina. Sie trägt ein wunderschönes lila Seidenkleid, ihre blonden Haare schimmern.
Mit ihrer feinen Stimme beginnt sie ganz leise zu sprechen. Sie sagt: Schön ist es hier bei euch in der Klasse, so ruhig und friedlich.
Ich möchte euch einen Wunsch erfüllen, einen Wunsch, der nur die Schule betrifft. Also, was würdet ihr euch wünschen? Jeder von euch hat einen einzigen Wunsch frei. Ich verspreche, dass ich ihn erfülle, aber nur, wenn der Wunsch so ist, dass alle Kinder der Klasse und der Lehrer ihn gutfinden. Also überlegt genau, *was* ihr euch wünscht. Und jetzt was ganz Wichtiges: Sprecht nicht mit den anderen über eure Wünsche! Jeder muss das allein mit sich selbst ausmachen! Und damit entschwebt unsere Fee Tamara. Die Tür schließt sich, wir sind wieder allein.
So, und jetzt denkt sich jeder von euch diesen Wunsch aus, jeder seinen eigenen, aber trotzdem einen für uns alle, versteht ihr das? Ihr habt dazu zwei Minuten Zeit, danach frage ich euch nach den Wünschen.“

Bevor die Kinder zum Sprechen aufgefordert werden, legt ihnen der Lehrer nah, besonders gut hinzuhören. Jetzt werden alle Wünsche der Reihe nach geäußert, zunächst kommentarlos.
Anschließend sollen sich die Kinder daran erinnern, welche Wünsche von den anderen geäußert wurden. Reihum werden die Namen aufgerufen. Jedem Teilnehmer hat sich dieser oder jener Wunsch eines Mitschülers eingeprägt. Nun sollen diese Wünsche nach dem Willen der Fee Tamara besprochen werden. Welche Wünsche finden besonderen Beifall?

Thema:
Genau hinhören auf die Äußerungen einzelner, merken und wiederholen.

Ziel:
Training der Fähigkeit zum Gruppengespräch und zur Achtung fremder Äußerungen.

Durchführbar in Gruppen mit maximal 15 Schülern.

Sitzkreis

Stolz Verlag, Düren   Besser zuhören, besser lernen   Best.-Nr. 010

Der Grashüpfer

Eine Geschichte vom hörenden Sehen

Ein Junge kehrt den Hof eines Tempels. Die Mönche gehen zum Gebet. Einer von ihnen ist blind. Der Junge hält mit dem Kehren inne und beobachtet voller Staunen, wie sicher sich der Blinde bewegt. Er sucht das Gespräch mit dem Mann.

Dieser sagt, die Blindheit sei für ihn keine Behinderung. Um seine Aussage zu stützen, fragt er den Jungen, ob er den winzigen Grashüpfer bemerke, der still bei seinen nackten Füßen sitze. Der Junge blickt auf den Boden hinunter und sieht gerade noch, wie der Grashüpfer wegspringt. Da schaut er wieder zum Meister hinauf und fragt: „Alter Mann, wie kommt es, dass du den Grashüpfer bei deinen Füßen *hören* kannst?"

Darauf antwortete der Weise: „Junger Mann, wie kommt es, dass du es nicht kannst?"

Wir lesen die Geschichte vor und sprechen darüber, weshalb Erblindete oft viel besser zurechtkommen, als man meint. Das Gehör eines Blinden entwickelt sich mit der Zeit wesentlich besser als bei Sehenden.

Fordern wir – als normal Sehende – dazu auf, etwas allein mit dem Gehör wahrzunehmen. Wir schließen die Augen und horchen. Wir lassen dazu mindestens drei bis fünf Minuten verstreichen. Anschließendes Gespräch: Was alles haben wir gehört?

Stolz Verlag, Düren   Besser zuhören, besser lernen   Best.-Nr. 010

Doppeltexte

Eine Konzentrationsübung
Vor dieser Übung
Die Doppeltexte werden vorgelesen. Die Schüler benötigen ein Blatt Papier und einen Stift. Die Texte sind nummeriert. Die Schüler sollen die Nummern während der Übung ebenfalls auf ihren Blättern eintragen. Dahinter werden die weggelassenen Wörter notiert.
Der Lehrer liest die folgenden Sätze und Texte zweimal hintereinander vor. In der zweiten Version lässt er die fett geschriebenen Wörter weg. Er sagt beim Lesen jeweils die Nummern und lässt diese von den Schülern notieren. Hinter jede Nummer schreiben die Schüler die in der zweiten Textversion fortgelassenen Wörter.

Bitte deutlich und ohne hohes Tempo vorlesen:

1. Eulen lesen **sehr** gerne. Es fällt ihnen nicht schwer, weil sie so große Augen haben.

2. Sobald **der erste** Schnee fällt, verkriechen sich die Mäuse in ihren Löchern.

3. Selbstverständlich fahren Frösche **und Kröten** Fahrrad. Niemals würde es ihnen in den Sinn kommen, ein Auto zu kaufen.

4. Es gibt Krokodile, die lassen sich von Vögeln die Zähne putzen. **Das ist wirklich wahr.** Sie reißen das Maul auf und die Vögel picken ihnen die Reste aus den Zähnen!

5. Von allen Schweinen sind die Warzenschweine die am besten informierten. Sie lesen **täglich** die „Warzenschwein-Zeitung". Diese Zeitung berichtet ausführlich über jede Schweinerei **im Land.**

6. Dass Elefanten gerne baden und mit Wasser herumspritzen, weiß jeder. Auch dass sie dabei mit **kleinen** Papierschiffchen spielen, ist **ziemlich** bekannt. Aber wie falten sie die Papierschiffchen? Das ist bis heute ein **großes** Rätsel.

7. Das Sauwetter wird von den Schweinen verursacht. Schweine kennen einen **geheimen** Regentanz, mit dem sie das Sauwetter herbeirufen **können**. Schweine wühlen ja **bekanntlich** gern im Schlamm und wälzen sich darin, was nur bei Sauwetter möglich ist.

Thema:
Lesen und aktiv zuhören.

Ziel:
Einen Text inhaltlich und formal wahrnehmen und bei Wiederholung Änderungen bemerken.

Material:
Schreibpapier und Stift für jeden Schüler.
Der Lehrer hat Sätze vorbereitet, die nach Länge und Inhalt seiner Lerngruppe angepasst sind. Nebenstehende Sätze sind Beispiele.

Durchführbar mit einzelnen Kindern, in Klein- und Großgruppen

Sitzordnung beliebig

Akustische Merkfähigkeit verbessern

Ich heiße Düsendampfer
Ein lustiges Spiel, das Lernen mit der Lust am Blödeln verbindet. Jeder Schüler denkt sich für sich selbst einen witzigen Unsinn-Namen aus. Danach folgt die große Vorstellung. Nacheinander treten die Schüler vor die Klasse und stellen sich mit ihren verrückten Namen vor. Wichtig ist: lautes, deutliches Sprechen! Falls ein Schüler nuschelt und ihn nicht alle verstehen, sollten sich die Zuhörer sofort melden und nachfragen.
Wenn sich alle vorgestellt haben, wird überprüft, wie viele sich die Namen gemerkt haben. Wieder treten die Schüler der Reihe nach an und fragen: „Wie heiße ich?" Bitte ein Durcheinanderrufen der Namen unterbinden und auf einem Nacheinander, nach Meldung, bestehen.
Man kann die Namen auch aufschreiben lassen und nach dem Spiel prüfen, was in der Erinnerung haften geblieben ist.

Inneres Sprechen
Eine Methode, sich Gehörtes einzuprägen, ist das geistige Sprechen. Wir wiederholen im Geiste, was wir gehört haben. Auch das kann man täglich üben lassen.
Ein kurzer, informativer Sachtext wird vorgelesen. Nach jedem Satz macht der Vorlesende eine Pause. Die Zuhörenden wiederholen diesen Satz aufmerksam im Geiste.
Am Ende wird durch Fragen zum Inhalt festgestellt, was hängengeblieben ist.
Diese Übung bereitet auf das Lernen vor. Auswendiglernen ist nach wie vor die beste Möglichkeit, sich Wissensstoff einzuprägen. Daran ändern auch die raffiniertesten Lernmethoden und -spiele nichts. Und dieses Lernen will und muss auch geübt werden.

Wörter und Sätze wiederholen
Um die Hör- und Lernfähigkeit zu verbessern, können wir auch folgende Übung immer wieder einstreuen.
Wörter oder Sätze werden diktiert. Aber es geht nicht darum, diese möglichst schnell zu Papier zu bringen. Wenn das Wort oder der Satz ausgesprochen ist, wird erst eine Pause eingelegt. Es kann eine Schweigepause von etwa 10 Sekunden sein (Zeichen geben). Oder die Schüler bewegen sich – ebenfalls schweigend – um das Pult herum, setzen sich wieder und schreiben dann erst.

Sprechen, Schreiben und Hören hängen eng zusammen. Manche Kinder können das Gehörte nicht richtig analysieren und schreiben daher entsprechend fehlerhaft.
Am Anfang jeder Schreiberziehung sollte deshalb das Hören stehen.
Sprechen fängt beim Lehrer an. Fragen Sie sich selbst einmal: Spreche ich laut und deutlich? Können mich alle Schüler gut verstehen? Kann ich an meiner Sprache etwas verbessern?
Und: Herrscht in der Klasse die nötige Ruhe, wenn ich spreche? Kann meine Stimme akustisch von allen Schülern wahrgenommen werden? In der Alltagsroutine vergisst man manchmal solche „Banalitäten". Gerade sie aber sind oft genug entscheidend für Erfolg oder Misserfolg beim Lernen.

Eine Geschichte zum Vorlesen

Niemals Gewalt!

Ich möchte erzählen, was mir einmal eine alte Dame berichtet hat. Sie war eine junge Mutter zu der Zeit, als man noch an diesen Bibelspruch glaubte, dieses „Wer die Rute schont, verdirbt den Knaben".

Im Grunde ihres Herzens glaubte sie wohl gar nicht daran, aber eines Tages hatte ihr kleiner Sohn etwas getan, wofür er ihrer Meinung nach eine Tracht Prügel verdient hatte, die erste in seinem Leben. Sie trug ihm auf, in den Garten zu gehen und selber nach einem Stock zu suchen, den er ihr dann bringen sollte. Der kleine Junge ging und blieb lange fort. Schließlich kam er weinend zurück und sagte: „Ich habe keinen Stock finden können, aber hier hast du einen Stein, den kannst du ja nach mir werfen."

Da aber fing auch die Mutter an zu weinen, denn plötzlich sah sie alles mit den Augen des Kindes. Das Kind musste gedacht haben: „Meine Mutter will mir wirklich weh tun und das kann sie ja auch mit einem Stein."

Sie nahm ihren kleinen Sohn in die Arme und beide weinten eine Weile gemeinsam. Dann legte sie den Stein auf ein Bord in der Küche und dort blieb er liegen, als ständige Mahnung an das Versprechen, das sie sich in dieser Stunde selber gegeben hatten: „NIEMALS GEWALT!" [10]

Astrid Lindgren

Vorlesen der Geschichte. Wir achten dabei auf eine langsame, deutliche Sprache.
Vor dem Lesen setzen sich alle entspannt hin, atmen tief durch, schließen kurz die Augen, richten das rechte Ohr auf den Leser aus.
Beim Vorlesen halten wir die Augen geschlossen.
Im Anschluss an die Geschichte wird geschwiegen. Das Schweigen ist wichtig, um einen Gegenpol zum Sprechen zu bilden.
Danach führen wir ein Gespräch über den Inhalt der Geschichte.
Es wäre wünschenswert, wenn in die Kommunikation der Schule mehr Ruhe einkehrte. Das Fernsehen und die Werbespots mit ihrem hektischen und atemlosen Geplapper erziehen nämlich zum Weghören.

Auf der Mauer, auf der Lauer

Ein lustiges Spiel-Lied

Die Spielregel schreibt vor, dass das Lied beim ersten Durchgang ohne Veränderung gesungen wird. Wir formen die Wörter beim Singen sehr deutlich! (Haben wir schon einmal einem Sänger bewusst zugehört? Er spricht vor allem die harten Endlaute, wie -t oder -k, überdeutlich aus, damit die Zuhörer den Text verstehen.)
Danach lassen wir Buchstabe für Buchstabe fort bei:
Wanze, tanzen

Zweite Strophe: Auf der Mauer, auf der Lauer, sitzt 'ne kleine Wanz.
Schau dir mal die Wanz an, wie die Wanz tanz kann ...

Dritte Strophe: Auf der Mauer, auf der Lauer, sitzt 'ne kleine Wan.
Schau dir mal die Wan an, wie die Wan tan kann ...

Und so weiter. Zuletzt schweigen wir, wenn beide Wörter kommen.

Jetzt wird weitergesungen, und die Wörter werden Buchstabe für Buchstabe wieder aufgebaut.

Noten aus: Jürgen Schöntges, Freche Lieder – liebe Lieder, Beltz Verlag 1996

Dieses Spaßlied ist sehr gut geeignet, deutliches Sprechen und Konzentration zu üben.

Wer erfindet ein neues Lied mit einem neuen Text zum Ab- und Aufbauen?

Sitzkreis

Stolz Verlag, Düren   Besser zuhören, besser lernen   Best.-Nr. 010

Achtsamkeit in der Sprache

Achte stets auf deine Gedanken,
denn sie werden zu Worten.

Achte auf deine Worte,
sie werden zu Handlungen.

Achte auf deine Handlungen,
sie werden zu Gewohnheiten.

Achte auf deine Gewohnheiten,
sie werden zu Charaktereigenschaften.

Achte auf deinen Charakter,
er wird dein Schicksal.

„'Nichts wird so oft überflüssigerweise geöffnet wie der Mund", heißt es in einem Sprichwort. Jeder hat schon mal erfahren, wie sehr Worte verletzen können und was eine dumme oder unüberlegte Bemerkung verursacht. Es ist daher sehr weise, erst einmal nachzudenken, bevor man etwas sagt. Wenn wir uns angewöhnen, tief durchzuatmen, sobald unser Gesprächspartner geendet hat, werden wir in vielen Gesprächen ganz neue Erfahrungen machen. ... Wenn wir uns angewöhnen, nicht einfach drauflos zu plappern, wird unserem Gegenüber eine Form von Achtung und Geduld zuteil, die ihm gut tut und die die Qualität unseres Gespräches beeinflussen wird. Achtsamsein heißt, ganz bei dem sein, was gerade ist, den Augenblick erfassen, ohne darüber zu urteilen. ...
Worte sind nicht gleichgültig. Sie beeinflussen die Atmosphäre entscheidend. Es gibt Menschen, die von sich sagen, dass sie sehr temperamentvoll sind und daher nicht anders können, als mit Worten um sich zu werfen. Sie können in dem Augenblick auch gar nicht nachdenken. Das ist sicherlich richtig. Nur müssen sich diese Menschen auch klar darüber werden, dass ihre Worte Konsequenzen haben. In dieser Welt geht nichts verloren. Wenn ich jemanden beschimpfe, weil mein Temperament das gerade erfordert, hört der andere die Worte auch. Und ich kann nicht verhindern, dass sie ihm wehtun. Meine Worte, positive wie negative, haben immer Folgen, lösen irgendetwas aus. Was genau, kann ich nicht wissen. Nur mein Gegenüber kann mir das mitteilen. Fragen Sie Ihr Gegenüber, wie Ihre Worte wirken, was sie auslösen!" [11]

Bei einem einsamen Spaziergang durch die stille Natur können wir unser Verhältnis zu Sprechen und Schweigen überdenken.

Signale geben

Die Kraft von Ritualen
Zu meiner Grundschulzeit – im Österreich der Fünfzigerjahre – hielten es die Schulschwestern, welche uns unterrichteten, streng mit den Ritualen des Sprechens und Schweigens. Es gab klare Regeln und Anordnungen, wir Kinder *wussten*, worauf es ankam. Unsere Lehrerin forderte das gewünschte Verhalten streng, zugleich aber mit verständnisvoller menschlicher Wärme, die Regeln wurden in kindgemäße Rituale verpackt, so dass sie mitunter sogar Freude machten. Vor einer Unterrichtssequenz, in welcher das Zuhören von außerordentlicher Bedeutung war, bekamen wir stets die Auflage, unseren Mund im wahrsten Sinne des Wortes zuzuhalten. Wir pressten unsere Lippen mit Zeigefinger und Daumen zusammen und formten eine Schnute, aus der nun wirklich kein einziger Ton entwischen konnte. War erst einmal das Mundwerk gezähmt, hieß man uns die Arme verschränken, um den Händen keine Gelegenheit zu geben, mit spielerischem Tun vom Gehörsinn abzulenken.
Jetzt konnte der Lehrervortrag beginnen.

Was ich damit sagen will: Rituale vereinfachen das Zusammenleben. Kinder werden von klaren Handlungen angesprochen, die sich immer und vorhersehbar wiederholen. Ihre Bereitschaft mitzumachen, kommt unserem Bemühen entgegen.
Sicher werden noch heute viele erfahrene Lehrerinnen und Lehrer mit Ritualen das Schulleben bereichern und das Lern- und Sozialverhalten der Kinder positiv zu formen vermögen. Dennoch scheint bei manchen das *Wissen* darüber abhanden gekommen zu sein, besonders wenn man selbst in der eigenen Kindheit die entlastenden Erfahrungen von Ritualen nicht machen durfte.
Vielleicht aber gehört heute auch ein bisschen Mut dazu, sich zu Handlungsweisen zu bekennen, die nicht intellektuell sondern eher intuitiv und emotional gesteuert sind.
Ich möchte an dieser Stelle die Leserinnen und Leser bitten:
Haben Sie den Mut dazu! In der zunehmend seelenlosen technologiebeherrschten Welt aus digitalen Zwängen suchen wir menschliche Wärme, die aus dem Inneren kommt und durch Rituale zum Leben erweckt werden kann.

Stolz Verlag, Düren   Besser zuhören, besser lernen   Best.-Nr. 010

Literaturangaben

[1] Gela Brüggebors, So lernen Kinder besser, rororo, Hamburg 1996, Seite 66 f.
[2] Alfred Tomatis, Das Ohr – die Pforte zum Schulerfolg, verlag modernes lernen, Dortmund 1998
[3] a.a.O., S. 12
[4] Gela Brüggebors, a.a.O., S. 66
[5] Alfred Tomatis, a.a.O., S. 168
[6] Alfred Tomatis, a.a.O., S. 169
[7] Reinhard Brunner, Hörst du die Stille? Meditative Übungen mit Kindern, Kösel Verlag, München 1991, S. 86
[8] Ursula Rücker-Vogler, Mehr Freude am Lernen, Don Bosco Verlag, München 1996, S. 56
[9] Irene Flemming und Jürgen Fritz, Wahrnehmungsspiele für Grundschulkinder, Matthias-Grünewald-Verlag, Mainz 1995
[10] Astrid Lindgren in: Ilse Jüntschke, Kleine Schritte zum Frieden, Verlag Ernst Kaufmann, Lahr 1999, S. 59
[11] Gisela Preuschoff, Kleine Augenblicke der Liebe, Kösel Verlag, München 1999, S. 43 f.

Krach bringt Glück

Mit Böllerschüssen wird das neue Jahr begrüßt.

„Lendersdorfer Traumfabrik" im Stolz Verlag

Stolz Verlag, Schneidhausener Weg 52, 52355 Düren, Tel. (02421) 5 79 79

Sachfächer

Themenhefte mit leicht verständlichen Texten zum sinnerfassenden Lesen und Lernen; mit Arbeitsanweisungen:

Das Wetter ab 2. Sj. *Best.-Nr. 042*
Laubbäume ab 2. Sj. *Best.-Nr. 089*
Blumen am Wegrand
Minitexte ab 2. Sj. *Best.-Nr. 043*
Was wächst im Wald?
Minitexte ab 2. Sj. *Best.-Nr. 101*
Der Baum-Detektiv *Best.-Nr. 131*
Jahreszeiten ab 2. Sj. *Best.-Nr. 047*
Die Natur im Jahreskreis
ab 4. Sj. *Best.-Nr. 115*
Haustiere 2. Sj. *Best.-Nr. 048*
Zootiere ab 2. Sj. *Best.-Nr. 044*
Vögel ab 3. Sj. *Best.-Nr. 111*
Bauernhoftiere ab 2. Sj. *Best.-Nr. 057*
Indianer ab 2. Sj. *Best.-Nr. 045*
Hexen und Zauberer *Best.-Nr. 134*
Sonne, Mond und Sterne
ab 4. Sj. *Best.-Nr. 081*
Deutschland kennen lernen
ab 3. Sj. *Best.-Nr. 058*
Europa kennen lernen
ab 4. Sj. *Best.-Nr. 084*
Einmal um die Welt *Best.-Nr. 008*
Durch die Wüste *Best.-Nr. 100*
Die Alpen ab 5. Sj. *Best.-Nr. 147*
Das Wattenmeer *Best.-Nr. 148*
Bibelgeschichten AT *Best.-Nr. 180*
Bibelgeschichten NT *Best.-Nr. 074*
Weltreligionen ab 3. Sj. *Best.-Nr. 075*
Der Islam ab 5. Sj. *Best.-Nr. 113*
Das Judentum ab 5. Sj. *Best.-Nr. 076*
Vom Getreide zum Brot
ab 3. Sj. *Best.-Nr. 080*
Gesunde Ernährung *Best.-Nr. 135*
Obst und Gemüse *Best.-Nr. 116*
Pilze ab 3. Sj. *Best.-Nr. 109*
Der menschliche Körper
ab 3. Sj. *Best.-Nr. 079*
Ritter und Burgen *Best.-Nr. 125*
Leben in einer mittelalterlichen Stadt ab 3. Sj. *Best.-Nr. 132*
Steinzeitmenschen *Best.-Nr. 516*
Die Römer ab 4. Sj. *Best.-Nr. 520*
Die Alten Griechen *Best.-Nr. 514*
Die Alten Ägypter *Best.-Nr. 515*
Räuber und Piraten *Best.-Nr. 133*
Erfindungen ab 4. Sj. *Best.-Nr. 519*
Entdecker ab 4. Sj. *Best.-Nr. 518*
Besuch in einer alten Schule
ab 3. Sj. *Best.-Nr. 129*
Adolf Hitler ab 7. Sj. *Best.-Nr. 120*
Alltag im 3. Reich *Best.-Nr. 077*
Persönlichkeiten der Geschichte
ab 5. Sj. *Best.-Nr. 119*

Theater & Sketche

Fabelhafte Sketche *Best.-Nr. 146*
5-Minuten-Sketche Grundschule *Best.-Nr. 140*
Witzige Schulbühne
1. bis 10. Schuljahr *Best.-Nr. 112*
Neue witzige Schulsketche
alle Altersstufen *Best.-Nr. 705*
Klapsmühle – Sketche
alle Altersstufen *Best.-Nr. 704*
Die Hexe Furufara
Theaterstück GS, OS *Best.-Nr. 009*

Für Lehrer

Berichtszeugnisse
Textbausteine für die Grundschule
Best.-Nr. 201

Unterrichts-Check-Up
für Lehrproben; Wie bereite ich erfolgreichen Unterricht vor? *Best.-Nr. 200*

Lust auf Schule
Mutmachbuch für Lehrer
20 Gebote, humorvoll aufbereitet. Ein tolles Geschenk für Kollegen! *Best.-Nr. 202*

Das friedliche Klassenzimmer
Das Buch für die Pflege der Seelenhygiene von Lehrern wie Schülern; für alle Schulstufen geeignet *Best.-Nr. 204*

Der erste Schultag
31 Tipps und Spielideen für die Einschulung
Best.-Nr. 006

Einfache Wege zur Stille
Übungen und Rituale in der Schulklasse
Für alle Altersstufen *Best.-Nr. 105*

Besser zuhören, besser lernen
Übungen und Spiele für alle Altersstufen; Schule, Therapie, Nachhilfe *Best.-Nr. 010*

Konzentration / Entspannung
Heitere und besinnliche Spiele mit unserer Sprache; ab 5. Schuljahr *Best.-Nr. 003*

Gedächtnisübungen & Lernstrategien ab 5. Schuljahr
Wie lernt man am besten? Lern- und Merkstrategien *Best.-Nr. 005*

Bestell-Coupon

Ja, bitte senden Sie mir (uns) gegen Rechnung folgende Artikel:

Artikel-Nummern hier eintragen:

☐ Bitte schicken Sie mir Ihren kostenlosen aktuellen Katalog!

Bestell-Anschrift:

Stolz Verlag
Stuttgarter Verlagskontor SVK GmbH
Postfach 106016 70049 Stuttgart
Tel. (07 11) 66 72-12 16
Fax (07 11) 66 72-19 74
Internet-Shop: www.stolzverlag.de

Meine Anschrift:

Vorname, Name

Straße

PLZ/Ort

Datum/Unterschrift